보고 듣고 따라하는

NEW

그림 영어 단어

Keith Milling · 이은아 편저

J PLUS

머리말

See 눈으로 보고!

우리 주위에서 자주 접하게 되는 750여 개의 단어들을 밝고 귀여운 삽화와 함께 실었어요. 마치 한 권의 재미있는 그림책을 보듯이 쉽고, 즐겁게 영어 단어를 공부할 수 있어요.

Listen 귀로 듣고!

영어를 빠르게 익히는 방법 중의 하나가 바로 자주 듣는 거예요. 반복해서 듣다 보면 영어에 익숙해지고, 잘 할 수 있다는 자신감이 생길 거예요. 시간이 날 때마다 계속해서 들으세요.

Repeat 입으로 따라하다!

듣기만 하고 따라하지 않으면 기억도 나지 않고, 제대로 발음할 수 없어요. 음원을 들으면서 따라해 보세요. 어느 날 문득! 입에서 영어가 술술 나오게 될 거예요.

이 책은 단어들을 주제별로 나누고, 각 과마다 기본 회화 문장을 넣어 단어와 문장을 같이 연습할 수 있도록 했어요. 영어는 단어를 얼마나 아느냐가 중요한데, 그림도 보고, 원어민의 녹음도 들으며 신나게 따라하면서 단어공부를 해보세요. 이 책을 통해 영어에 흥미를 느끼고, 영어 공부가 즐거워지기를 바랍니다.

한 과의 구성

Illustrated English Words to See, Listen, and Repeat After.

가족, 날씨, 과일, 맛, 직업, 운동 등 38개의 다양한 주제로 구성되어 있어요.

각 과에 있는 단어들을 활용하여 말해볼 수 있는 기본 회화문장이에요. 단어를 바꾸어 연습해보세요.

QR코드로 MP3음원을 바로 들을 수 있어요.
(녹음순서 : 번호 + 한국어 뜻 + 영어 남녀 각1회 녹음)
영어 원어민 선생님의 목소리로 녹음되어 있어서 정확한 발음을 익힐 수 있어요!

그림의 단어를 번호순으로 표기하였고, 번호 순서대로 녹음되어 있어요.

각 과의 한글 제목입니다.

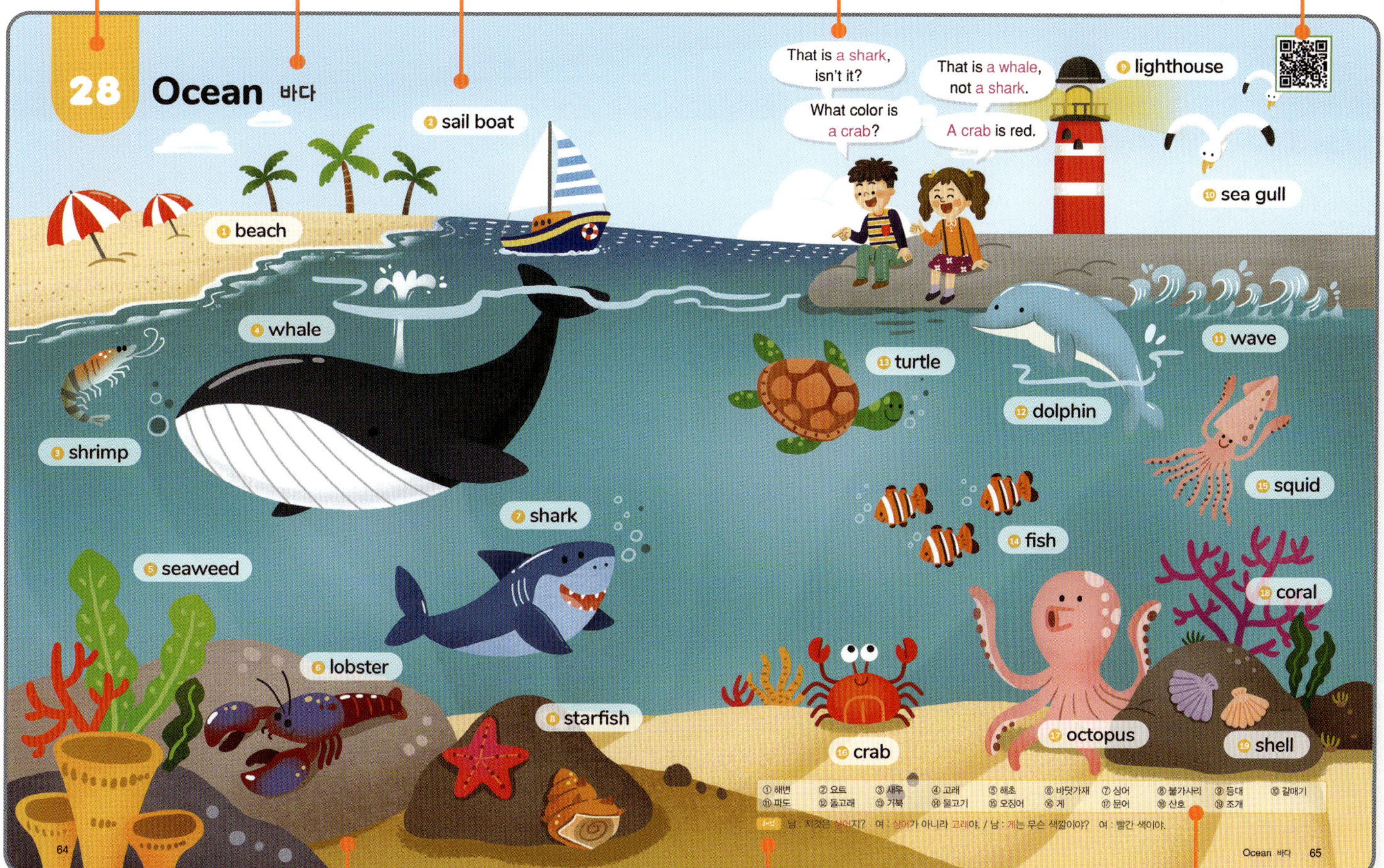

실감 나는 삽화들을 보면, 마치 그림책을 보는 것 같아요.

기본 회화문장의 해석입니다. 어떤 뜻인지 확인해 보세요.

단어 뜻이 번호 순서대로 정리되어 있어요.

차례

영어란?

Hello!

단어 공부를 시작하기 전에 먼저
'영어'에 대해서 알아볼까요?

1. 얼마나 많은 나라에서 영어를 사용할까요?

미국, 캐나다, 영국, 호주, 뉴질랜드, 남아프리카공화국, 필리핀 등이 있어요. 이렇게 서로 멀리 떨어져 있는 나라에서 영어를 사용하다 보니까 조금씩 발음이 달라지기도 하고 가끔은 다른 뜻의 단어도 생겨나기도 한답니다.
나중에 여행하면서 차이점을 찾아보는 것도 재미있겠죠?
여기서는 미국영어를 기준으로 하고 있답니다.

2. 영어의 알파벳은 어떻게 발음하나요?

영어는 모음과 자음으로 이루어져 있어요.
하지만 같은 모음이라도 단어에 따라 발음이 달라지기도 해요.
그래서 발음을 잘 듣고 따라 하는 것이 중요하지요.
모음, 자음의 대표적인 발음의 단어를 알아볼까요?

모음 A E I O U

A a  ant

E e  egg

I i  ice cream

O o  orange

U u  umbrella

자음 B C D F G H J K L M N P Q R S T V W X Y Z

B b  butterfly

C c  cake

D d  doll

F f  fish

G g  guitar

H h  hat

J j  jam

K k  kangaroo

L l  lamp

M m  monkey

N n 9 nine

P p  penguin

Q q  queen

R r  rabbit

S s  sun

T t  tiger

V v  violin

W w  window

X x  xylophone

Y y  yo-yo

Z z 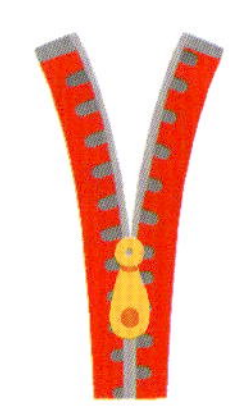 zipper

3. 영어와 한국어는 뭐가 다를까요?

① 어순

어순(word order)이란 말을 하거나 문장을 쓰는 순서입니다.

"난 캔디를 좋아해."를 영어로 하면 "I like candy."가 되겠죠?

이 문장처럼 한글은 주어+목적어+동사의 순서로 말하지만, 영어는 주어+동사+목적어의 순서로 말합니다.

② 주어와 동사와의 관계

주어와 동사는 순서뿐만이 아니라 주어에 따라 동사의 형태가 바뀌기도 한답니다.

주어가 "나"와 "너"를 제외한 단수에는 동사 뒤에 s가 붙는 거죠.

예를 들어 I like English. (난 영어를 좋아해.) 에서 주어를 my dad로 바꿔 볼까요?

My dad likes English.

이렇게 s를 반드시 붙여야 해요. 책에 나온 예문들도 주어를 바꿔서 연습해 보세요.

③ 단수와 복수

한글로 꽃 한 송이, 꽃 두 송이라고 하지만 영어로는 a flower, two flowers로 복수에는 반드시 s를 붙여야 돼요. 모음인 "a, e, i, o, u"로 시작하는 단어 앞에는 단수인 "a" 대신 "an"이 붙습니다. 예로 an apple, an orange 등이 있어요.

4. 발음을 연습할 때 가장 중요한 것은?

절대로 영어 발음을 한글로 적지 마세요!

student의 발음을 "스튜던트"로 써서 읽으면 절대 발음이 좋아지지 않습니다. 듣고 따라 하거나 영어만 보고 읽는 연습을 해야 합니다. 이 책으로 영어를 연습할 때는 그림을 보며 듣고 따라 하는 것이 좋습니다.

01 The World 세계

① 영국	② 스페인	③ 프랑스	④ 스위스	⑤ 독일	⑥ 이탈리아	⑦ 핀란드	⑧ 우크라이나	⑨ 이집트
⑩ 케냐	⑪ 사우디아라비아	⑫ 이란	⑬ 인도	⑭ 중국	⑮ 몽골	⑯ 러시아	⑰ 한국	⑱ 일본
⑲ 필리핀	⑳ 인도네시아	㉑ 싱가포르	㉒ 오스트레일리아	㉓ 캐나다	㉔ 미국	㉕ 멕시코	㉖ 브라질	

해석 남 : 어디에서 왔니? 여 : 스페인에서 왔어 / 남 : 싱가포르에 가 본 적 있니? 여 : 아니, 없어.

02 The U.S.A. 미국

1 Seattle
2 Portland
3 San Francisco
4 Los Angeles
5 Phoenix
6 Denver
HOLLYWOOD

① 시애틀	② 포틀랜드	③ 샌프란시스코	④ 로스앤젤레스	⑤ 피닉스	⑥ 덴버	⑦ 시카고	⑧ 인디애나폴리스
⑨ 디트로이트	⑩ 클리블랜드	⑪ 보스톤	⑫ 뉴욕	⑬ 필라델피아	⑭ 볼티모어	⑮ 워싱턴 D.C.	⑯ 신시내티
⑰ 내슈빌	⑱ 세인트루이스	⑲ 캔자스시티	⑳ 휴스턴	㉑ 뉴올리언스	㉒ 마이애미		

해석 남 : 너 어디 사니? 여 : 나는 시애틀에 살아. / 남 : 어디에서 태어났니? 여 : 보스톤에서 태어났어.

03 The Living Room 거실

① 커튼	② 창문	③ 소파	④ 휴지통	⑤ 텔레비전	⑥ 비디오	⑦ 비디오 테이프
⑧ 가습기	⑨ 리모컨	⑩ 양탄자	⑪ 전화	⑫ 그림	⑬ 에어컨	⑭ 라디오
⑮ 잡지	⑯ 신문	⑰ 피아노	⑱ 사진	⑲ 청소기		

해석 여 : 저게 뭐니? 남 : 비디오야. / 여 : TV는 어디에 있니? 남 : 벽에 걸려 있어.

04 The Bathroom 욕실

① 로션	② 헤어젤	③ 전기면도기	④ 드라이어	⑤ 치약	⑥ 칫솔	⑦ 가글액	⑧ 수도꼭지
⑨ 거울	⑩ 비누	⑪ 빗	⑫ 세면대	⑬ 변기	⑭ 두루마리 휴지	⑮ 세탁물 광주리	⑯ 수건
⑰ 세탁기	⑱ 스펀지	⑲ 욕조	⑳ 샴푸	㉑ 린스	㉒ 세탁비누		

해석 여 : 네 빗 좀 써도 될까? 남 : 써도 괜찮아. / 여 : 그것을 영어로 뭐라고 하니? 남 : washing machine 이라고 해.

05 The Kitchen 주방

① 정수기	② 식기세척기	③ 개수대	④ 주방세제	⑤ 키친타월	⑥ 컵(커피잔)	⑦ 도마	⑧ 부엌칼
⑨ 후드	⑩ 가스레인지	⑪ 프라이팬	⑫ 오븐	⑬ 주전자	⑭ 그릇	⑮ 냉장고	⑯ 전자레인지
⑰ 전기밥솥	⑱ 식탁	⑲ 접시	⑳ 냅킨	㉑ 포크	㉒ 나이프	㉓ 젓가락	㉔ 숟가락

해석 남 : 서랍 안에 숟가락이 몇 개나 있니? 여 : 열 개 있어. / 남 : 넌 언제 주전자를 쓰니? 여 : 물을 끓이고 싶을 때 주전자를 써.

06 My Room 내 방

23 closet
22 bag
16 doll
18 pillow
17 alarm clock
21 earphones
19 blanket
20 bed

① 지도	② 모니터	③ 키보드	④ 마우스	⑤ 책상	⑥ 스탠드	⑦ 저금통	⑧ 책
⑨ 책장	⑩ 프린터	⑪ 공	⑫ 서랍	⑬ 노트	⑭ 컴퓨터	⑮ 의자	⑯ 인형
⑰ 자명종	⑱ 배게	⑲ 이불	⑳ 침대	㉑ 이어폰	㉒ 책가방	㉓ 옷장	

해석 여 : 이것은 뭐니? 남 : 프린터야.

07 Family 가족

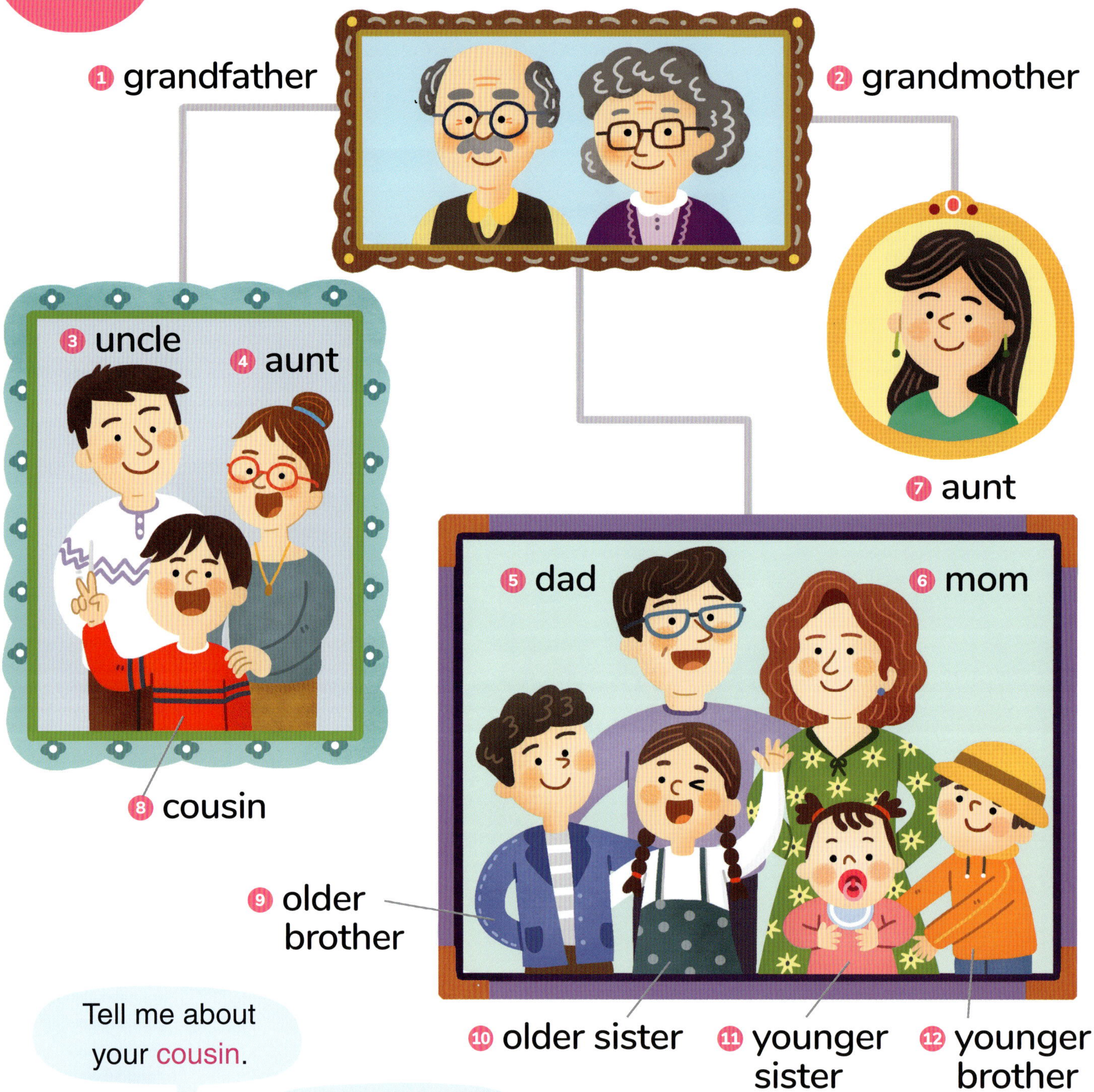

1 grandfather
2 grandmother
3 uncle
4 aunt
5 dad
6 mom
7 aunt
8 cousin
9 older brother
10 older sister
11 younger sister
12 younger brother

Tell me about your cousin.
She is very kind.

Do you have any **brothers or sisters**?

I have only one **younger sister**.

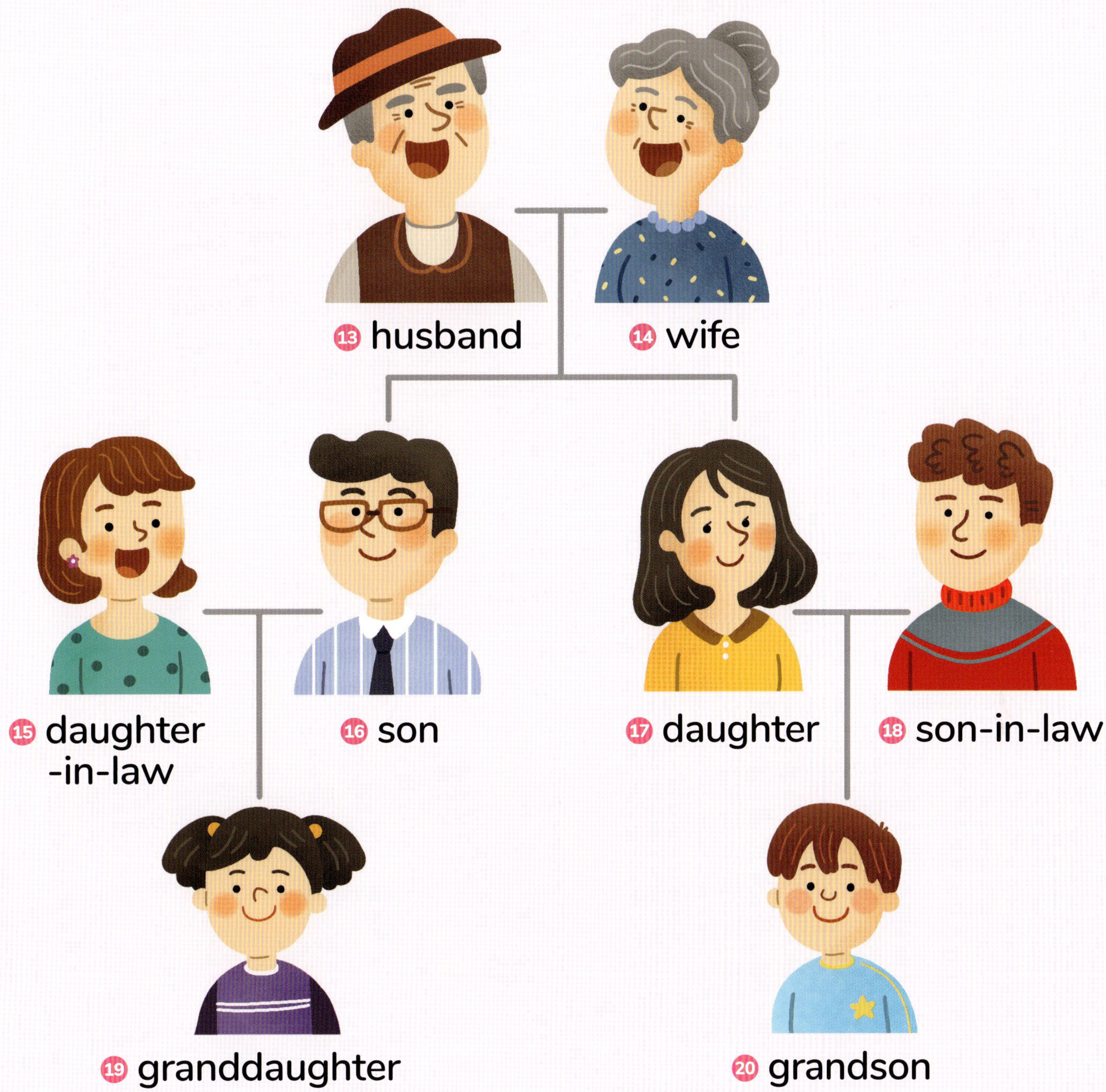

① 할아버지	② 할머니	③ 큰아버지	④ 큰어머니	⑤ 아빠	⑥ 엄마	⑦ 고모
⑧ 사촌	⑨ 오빠	⑩ 언니	⑪ 여동생	⑫ 남동생	⑬ 남편	⑭ 아내
⑮ 며느리	⑯ 아들	⑰ 딸	⑱ 사위	⑲ 손녀	⑳ 손자	

해석 남 : 네 사촌에 대해서 얘기해 줘. 여 : 아주 친절해. / 여 : 형제나 자매가 있니? 남 : 여동생 한 명만 있어.

08 Date 날짜

20XX

❶ year

❷ month

❸ date

4월 10일

목요일

❹ day

4월

	❺ Sunday	❻ Monday	❼ Tuesday	❽ Wednesday	❾ Thursday	❿ Friday	⓫ Saturday
⓬ last week			1	2	3	4	5
⓭ this week	6	7	8	9	10	11	12
⓮ next week	13	14	15	16	17	18	19
	20	21	22	23	24	25	26
	27	28	29	30			

What is the date today?

It is April 10th.

Where did you go yesterday?

I went to Yujin's birthday party.

⑮ the day before yesterday

⑯ yesterday

⑰ today

⑱ tomorrow

⑲ the day after tomorrow

⑳ two years ago / the year before last year

㉑ last year

㉒ this year

㉓ next year

㉔ the year after next year

① 년	② 월	③ 일	④ 요일	⑤ 일요일	⑥ 월요일	⑦ 화요일	⑧ 수요일
⑨ 목요일	⑩ 금요일	⑪ 토요일	⑫ 지난 주	⑬ 이번 주	⑭ 다음 주	⑮ 그저께	⑯ 어제
⑰ 오늘	⑱ 내일	⑲ 모레	⑳ 재작년	㉑ 작년	㉒ 올해	㉓ 내년	㉔ 내후년

해석 여 : 오늘은 몇 월 며칠이니? 남 : 4월 10일이야. / 여 : 어제 어디 갔었니? 남 : 유진이 생일 파티에 갔었어.

09 Weather 날씨

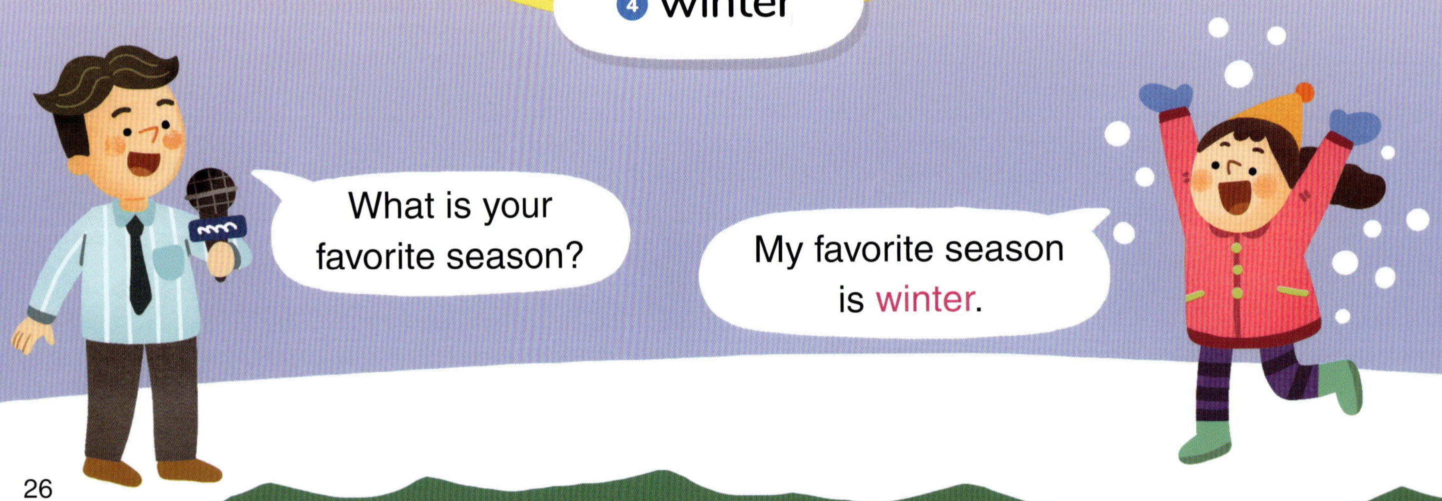

What kind of weather do you like?

It's clear day.

① 봄	② 여름	③ 가을	④ 겨울	⑤ 따뜻한	⑥ 더운	⑦ 시원한
⑧ 추운	⑨ 맑은 날(맑음)	⑩ 태양	⑪ 흐린 날(흐림)	⑫ 안개	⑬ 눈이 오는	⑭ 눈
⑮ 눈사람	⑯ 비가 오는	⑰ 구름	⑱ 번개	⑲ 비	⑳ 바람이 부는	㉑ 바람

해석 남 : 무슨 계절을 가장 좋아하니? 여 : 겨울이 가장 좋아요. / 남 : 어떤 날씨가 좋아? 여 : 맑은 날이 좋아.

10 Time 시간

1 hour

2 one o'clock

3 two o'clock

4 seven o'clock

5 minute

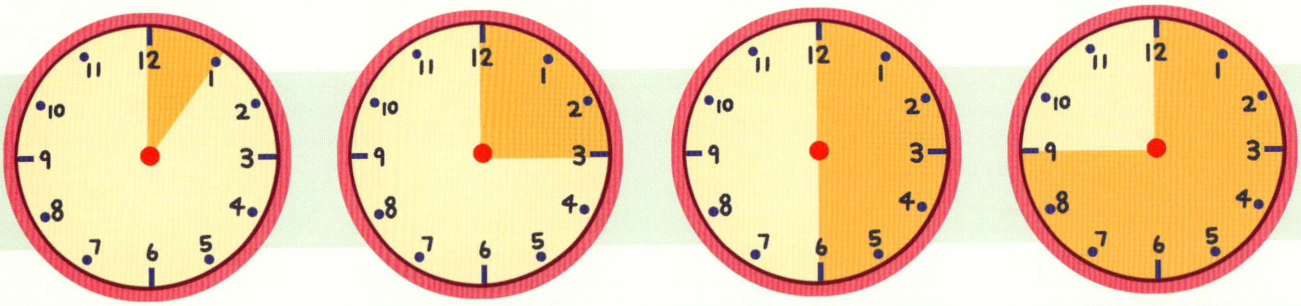

6 five minutes

7 fifteen minutes

8 thirty minutes

9 forty-five minutes

10 second

11 forty seconds

What time is it now?

It's twenty past four.

How long does it take you to do your homework?

It takes me thirty minutes to do my homework.

⑯ ten fifteen
(quarter past ten)
in the morning

⑰ two thirty
(half past two)
in the afternoon

⑱ eight fifty
(ten to nine)
in the evening

① 시	② 1시	③ 2시	④ 7시	⑤ 분	⑥ 5분
⑦ 15분	⑧ 30분(반)	⑨ 45분	⑩ 초	⑪ 40초	⑫ 아침
⑬ 낮(점심)	⑭ 오후	⑮ 저녁, 밤	⑯ 아침 10시 15분	⑰ 오후 2시 30분	⑱ 저녁 8시 50분

해석 남1 : 지금 몇 시야? 남2 : 4시 20분이야. / 남1 : 숙제 하는 데 얼마나 걸리니? 남2 : 30분 걸려.

11 My Day 나의 하루

1 get up

2 wash one's face

3 put one's clothes on

4 have breakfast

5 brush one's teeth

6 go to school

7 take a lesson

8 have lunch

9 talk

① 일어나다 ② 세수하다 ③ 옷을 입다 ④ 아침을 먹다 ⑤ 이를 닦다 ⑥ 학교에 가다
⑦ 수업을 받다 ⑧ 점심을 먹다 ⑨ 이야기하다

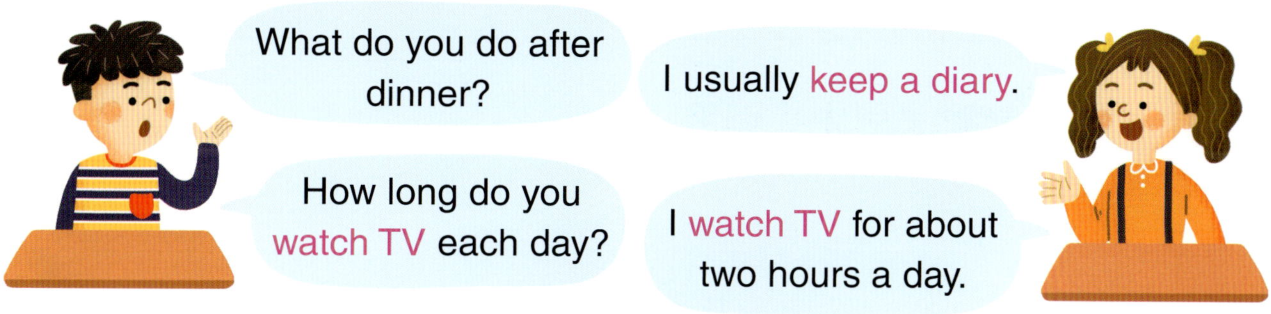

⑩ finish classes

⑪ clean the classroom

⑫ come home

⑬ do one's homework

⑭ have dinner

⑮ watch TV

⑯ take a shower

⑰ keep a diary

⑱ go to bed

⑩ 수업이 끝나다　⑪ 교실을 청소하다　⑫ 집에 돌아오다　⑬ 숙제를 하다　⑭ 저녁을 먹다　⑮ TV를 보다
⑯ 샤워하다　⑰ 일기를 쓰다　⑱ 잠자리에 들다

해석 남 : 저녁 식사 후에 무엇을 하니?　여 : 보통 일기를 써. / 남 : 하루에 TV를 얼마나 보니?　여 : 하루에 두 시간 정도 봐.

12 Colors 색깔

1 red
2 orange
3 yellow
4 light green
5 green
6 sky blue
7 blue
8 navy blue
9 beige

What color does red and white make?

Red and white make pink.

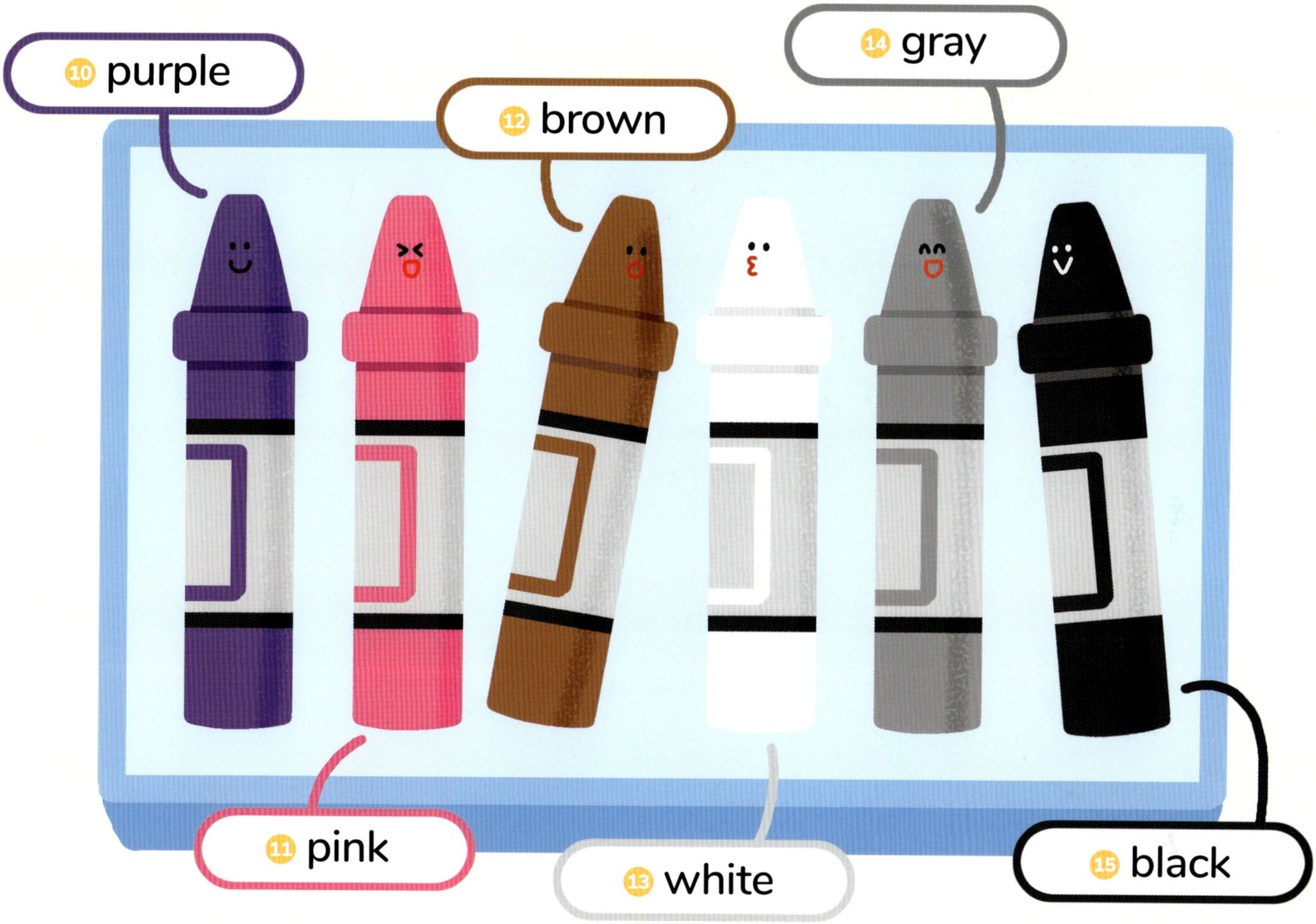

I like this red sweater. Can I try it on?

Sure.

① 빨간색	② 주황색	③ 노란색	④ 연두색	⑤ 녹색	⑥ 하늘색	⑦ 파란색	⑧ 남색	⑨ 베이지색
⑩ 보라색	⑪ 분홍색	⑫ 갈색	⑬ 흰색	⑭ 회색	⑮ 검은색			

해석 여 : 빨간색과 흰색을 섞으면 무슨 색깔이 되지? 남 : 분홍색이 돼. / 여 : 이 빨간색 스웨터가 마음에 드는데 입어봐도 될까요?
여 : 물론이지요.

13 Fruits 과일

1 apple
2 strawberries
3 tangerine
4 orange
5 grapes
6 peach
7 pear
8 watermelon
9 persimmon

① 사과	② 딸기	③ 귤	④ 오렌지	⑤ 포도	⑥ 복숭아
⑦ 배	⑧ 수박	⑨ 감	⑩ 멜론	⑪ 앵두	⑫ 석류
⑬ 키위	⑭ 레몬	⑮ 망고	⑯ 바나나	⑰ 파인애플	⑱ 자두

해석 여 : 무슨 과일을 제일 좋아하니? 남 : 바나나를 제일 좋아해.

14 Vegetables 야채

① 감자	② 고구마	③ 애호박	④ 당근	⑤ 콩나물	⑥ 생강	⑦ 옥수수
⑧ 완두콩	⑨ 마늘	⑩ 파	⑪ 양파	⑫ 배추	⑬ 양상추	⑭ 시금치
⑮ 가지	⑯ 토마토	⑰ 브로콜리	⑱ 피망	⑲ 늙은 호박	⑳ 오이	㉑ 양송이 버섯

해석 여 : 얼마나 자주 브로콜리를 먹니? 남 : 난 브로콜리를 가끔 먹어. / 여 : 샐러드 만드는 방법을 알려주겠니? 남 : 물론이지, 먼저 양상추를 썰어.

15 Beverages 음료

1. water
2. orange juice
3. tomato juice
4. pineapple juice
5. milk
6. yogurt
7. coke
8. soda pop
9. shake

① 물	② 오렌지주스	③ 토마토주스	④ 파인애플주스	⑤ 우유	⑥ 요거트
⑦ 콜라	⑧ 사이다	⑨ 쉐이크	⑩ 커피	⑪ 코코아	⑫ 빨대
⑬ 녹차	⑭ 홍차	⑮ 허브차	⑯ 맥주	⑰ 포도주(와인)	⑱ 칵테일

해석 남 : 뭐 마실래? 여 : 핫초코 마실래.

16 Snacks 간식

1 hot dog
2 lollipop
3 French fries
4 popcorn
5 pudding
6 cake
7 apple pie
8 cookies
POP CORN

Would you like some ice cream?

What do you want for a snack?

Yes, I would.

I want some donuts for a snack.

① 핫도그	② 막대사탕	③ 프렌치프라이	④ 팝콘	⑤ 푸딩	⑥ 케익
⑦ 애플파이	⑧ 쿠키	⑨ 빵	⑩ 도넛	⑪ 브라우니	⑫ 소프트아이스크림
⑬ 막대아이스크림	⑭ 선데 아이스크림	⑮ 초콜릿	⑯ 껌	⑰ 사탕	

해석 여1 : 아이스크림 드실래요? 여2 : 네.(정중한 표현) / 여1 : 간식으로 뭐 먹을래? 여2 : 도넛 주세요.

17 Food 음식

1 pork cutlet
2 curry
3 hamburger
4 pizza
5 sandwich
6 pasta
7 mashed potatoes
8 salad
9 fried chicken
What do you want for lunch?
I'd like to have pizza.
What does your mom cook the best?
My mom cooks spaghetti the best.

① 포크커틀릿	② 카레	③ 햄버거	④ 피자	⑤ 샌드위치	⑥ 파스타	⑦ 매쉬드포테이토
⑧ 샐러드	⑨ 닭튀김	⑩ 클램차우더	⑪ 타코	⑫ 생선구이	⑬ 스테이크	⑭ 폭찹
⑮ 꼬치	⑯ 스파게티	⑰ 스튜	⑱ 리조토	⑲ 라자냐	⑳ 훈제 연어	㉑ 국수

해석 남 : 점심으로 무엇을 먹고 싶니? 여 : 피자 먹고 싶어. / 남 : 너희 엄마는 어떤 음식을 가장 잘 만드시니? 여 : 우리 엄마는 스파게티를 가장 잘 만드셔.

18 Taste 맛

1 sweet
2 salty
3 sour
4 bitter
5 hot
6 nutty
7 rotten
8 delicious

9 salt

10 sugar

11 pepper

12 soy sauce

13 sesame oil

14 vinegar

15 ketchup

16 mustard

① 단	② 짠	③ 신	④ 쓴	⑤ 매운	⑥ 고소한	⑦ 상한	⑧ 맛있는
⑨ 소금	⑩ 설탕	⑪ 후추	⑫ 간장	⑬ 참기름	⑭ 식초	⑮ 케첩	⑯ 머스터드

해석 남1 : 맛이 어때? 여 : 못 먹겠어. 너무 짜. 남2 : 달아.

19 School 학교

1 kindergarten
2 elementary school
3 middle school
4 high school
5 college / university

6 grade
7 semester

8 midterm exam
9 final exam
10 summer vacation
11 winter vacation

Why do you like art class?

Because I like drawing pictures.

What do you think about math?

I think math is interesting.

⑫ math

⑬ history

⑭ gym

⑮ science

⑯ music

⑰ English

⑱ art

⑲ enter school

⑳ graduate from school

① 유치원	② 초등학교	③ 중학교	④ 고등학교	⑤ 대학/대학교	⑥ 학년	⑦ 학기	⑧ 중간고사	⑨ 기말고사	⑩ 여름방학
⑪ 겨울방학	⑫ 수학	⑬ 역사	⑭ 체육	⑮ 과학	⑯ 음악	⑰ 영어	⑱ 미술	⑲ 입학하다	⑳ 졸업하다

해석 남 : 왜 미술 수업을 좋아해? 여 : 그림 그리는 것을 좋아하기 때문이야. / 남 : 수학에 대해 어떻게 생각하니? 여 : 재미있어.

20 Occupations 직업

1 secretary

2 doctor

3 nurse

4 engineer

5 teacher

6 painter

7 police officer

8 firefighter

9 diplomat

What do you want to be?

I want to be a teacher.

What does your father do?

My father is an engineer.

⑩ lawyer

⑪ driver

⑫ cook / chef

⑬ author

⑭ singer

⑮ movie director

⑯ reporter

⑰ waiter / waitress

⑱ flight attendant

⑲ office worker

⑳ athlete

㉑ announcer

① 비서	② 의사	③ 간호사	④ 엔지니어	⑤ 선생님	⑥ 화가	⑦ 경찰관
⑧ 소방관	⑨ 외교관	⑩ 변호사	⑪ 운전사	⑫ 요리사	⑬ 작가	⑭ 가수
⑮ 영화감독	⑯ 기자	⑰ 종업원	⑱ 항공승무원	⑲ 회사원	⑳ 운동선수	㉑ 아나운서

해석 여1 : 나중에 뭐가 되고 싶니? 여2 : 선생님이 되고 싶어. / 여1 : 네 아버지는 무슨 일을 하시니? 여2 : 우리 아버지는 엔지니어야.

21 Hobbies 취미

① listening to music

② cooking

③ collecting stamps

④ swimming

⑤ climbing a mountain

⑥ photography

⑦ playing chess

⑧ reading

What is your hobby?

What do you like to do in your free time?

My hobby is playing the piano.

I like playing computer games in my free time.

9 painting

10 taking a walk

11 traveling

12 exercising

13 watching a movie

14 singing

15 playing the piano

16 playing computer games

① 음악감상	② 요리	③ 우표수집	④ 수영	⑤ 등산	⑥ 사진촬영	⑦ 체스	⑧ 독서
⑨ 그림 그리기	⑩ 산책	⑪ 여행	⑫ 운동	⑬ 영화감상	⑭ 노래 부르기	⑮ 피아노 연주	⑯ 컴퓨터게임

해석 여 : 취미가 뭐야? 남 : 피아노 연주야. / 여 : 여가시간에 뭐 하는 것을 좋아하니? 남 : 컴퓨터게임 하는 것을 좋아해.

22 Sports 운동

❶ baseball

❷ volleyball

❸ basketball

❹ soccer

❺ table tennis / ping pong

❻ badminton

❼ tennis

❽ golf

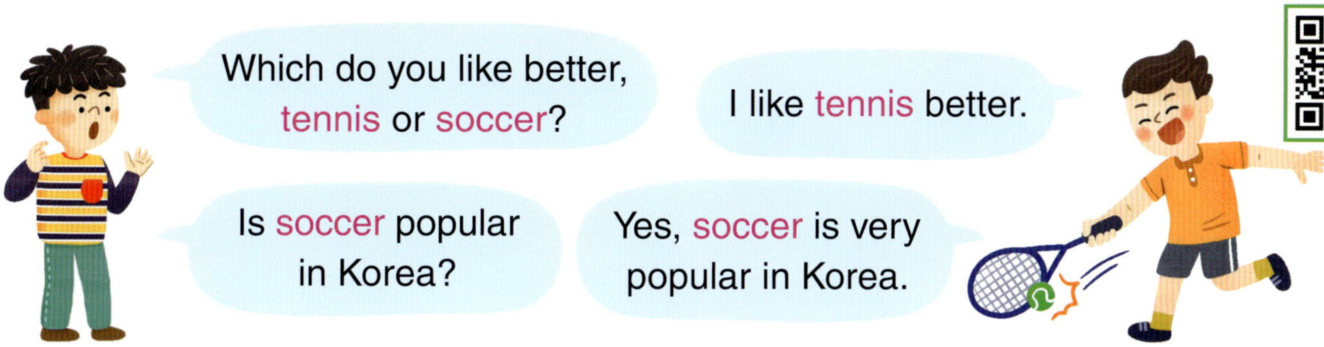

9 American football

10 bowling

11 skating

12 skiing

13 Taekwondo

14 martial arts

15 boxing

16 fencing

17 marathon

① 야구	② 배구	③ 농구	④ 축구	⑤ 탁구	⑥ 배드민턴	⑦ 테니스	⑧ 골프	⑨ 미식축구
⑩ 볼링	⑪ 스케이트	⑫ 스키	⑬ 태권도	⑭ 유도	⑮ 권투	⑯ 펜싱	⑰ 마라톤	

해석 남1 : 테니스와 축구 중에 어떤 것을 더 좋아하니? 남2 : 테니스를 더 좋아해. / 남1 : 한국에서 축구가 인기 있니? 남2 : 응. 축구는 한국에서 매우 인기 있어.

23 Directions 위치 · 방향

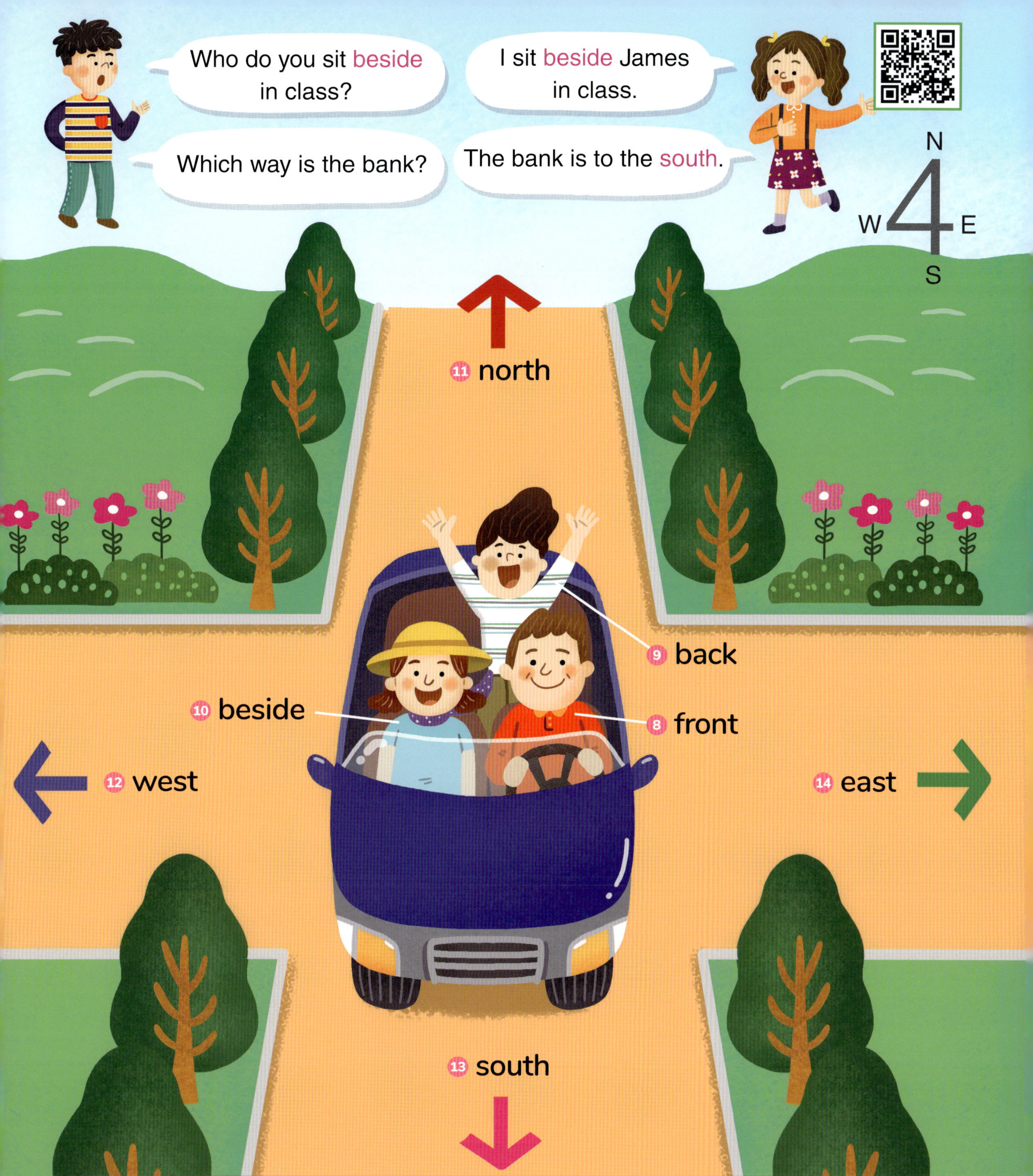

① 위	② 아래	③ 안	④ 바깥	⑤ 왼쪽	⑥ 중간	⑦ 오른쪽
⑧ 앞	⑨ 뒤	⑩ 옆	⑪ 북	⑫ 서	⑬ 남	⑭ 동

해석 남 : 교실에서 누구 옆에 앉니? 여 : 제임스 옆에 앉아. / 남 : 은행이 어느 쪽이니? 여 : 남쪽이야.

24 Transportation 교통

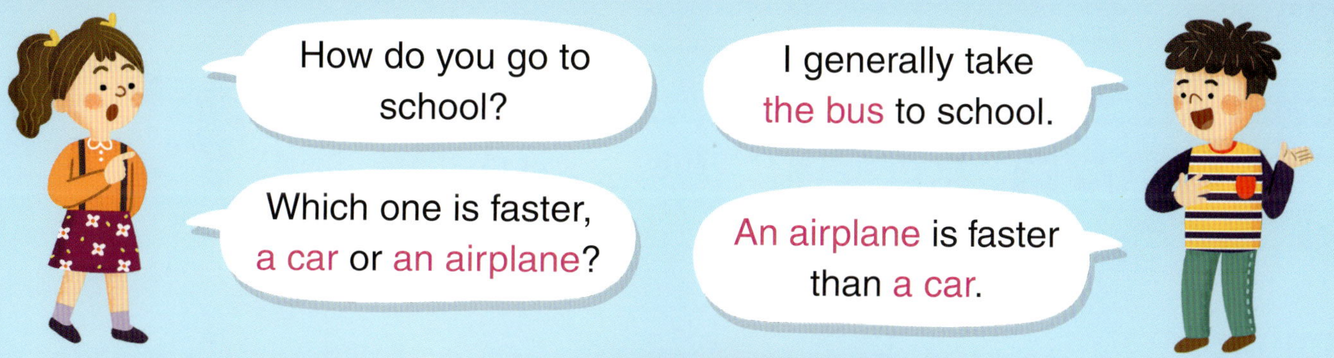

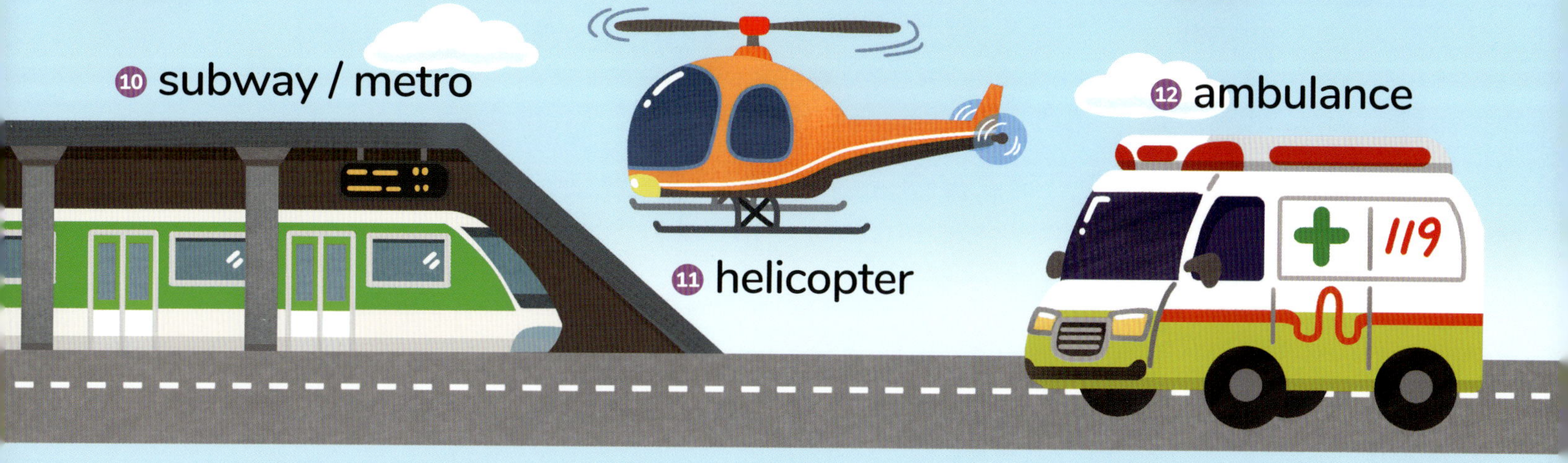

⑬ fire engine ⑭ police car ⑮ bridge

⑯ sidewalk

⑰ crosswalk

⑱ road

⑲ traffic light

① 차	② 트럭	③ 버스	④ 자전거	⑤ 오토바이	⑥ 택시	⑦ 비행기	⑧ 배	⑨ 기차	⑩ 지하철
⑪ 헬리콥터	⑫ 구급차	⑬ 소방차	⑭ 경찰차	⑮ 다리	⑯ 보도, 인도	⑰ 횡단보도	⑱ 차도	⑲ 신호등	

해석 여 : 학교에 어떻게 가니? 남 : 주로 버스 타고 가. / 여 : 차와 비행기 중에 어느것이 더 빠르니? 남 : 비행기가 차보다 빨라.

25 Town 우리 동네

The bank is near.
1 laundromat
2 bakery
3 bank
4 park
5 flower shop
6 coffee shop
7 grocery store
8 school
9 book store
10 post office

① 세탁소	② 빵집	③ 은행	④ 공원
⑤ 꽃집	⑥ 커피숍	⑦ 식료품점	⑧ 학교
⑨ 서점	⑩ 우체국	⑪ 영화관	⑫ 패스트푸드점
⑬ 미용실	⑭ 옷가게	⑮ 병원	⑯ 백화점
⑰ 레스토랑	⑱ 약국	⑲ 경찰서	

해석 여 : 은행은 가까워. / 남 : 어디 가니? 여 : 약 사러 약국에 가.

26 Animals 1 동물1

① 비둘기	② 제비	③ 말	④ 소	⑤ 개	⑥ 토끼	⑦ 오리	⑧ 쥐	⑨ 수탉	⑩ 기러기
⑪ 참새	⑫ 까마귀	⑬ 양	⑭ 돼지	⑮ 원앙	⑯ 백조	⑰ 까치	⑱ 두꺼비	⑲ 개구리	⑳ 고양이

해석 남 : 넌 무슨 동물이 제일 좋니? 여 : 토끼가 제일 좋아. / 남 : 왜 토끼가 좋아? 여 : 귀여워서 좋아.

27 Animals 2 동물2

Have you ever seen a camel?

How many legs does a camel have?

No, I haven't.

A camel has four legs.

① 공작	② 침팬지	③ 원숭이	④ 악어	⑤ 하마	⑥ 낙타	⑦ 뱀	⑧ 여우	⑨ 사자
⑩ 캥거루	⑪ 기린	⑫ 얼룩말	⑬ 타조	⑭ 코끼리	⑮ 판다	⑯ 호랑이	⑰ 늑대	⑱ 곰

해석 여 : 너 낙타 본 적 있니? 남 : 아니, 없어. / 여 : 낙타는 다리가 몇 개니? 남 : 네 개야.

28 Ocean 바다

① beach
② sail boat
③ shrimp
④ whale
⑤ seaweed
⑥ lobster
⑦ shark
⑧ starfish

① 해변	② 요트	③ 새우	④ 고래	⑤ 해초	⑥ 바닷가재	⑦ 상어	⑧ 불가사리	⑨ 등대	⑩ 갈매기
⑪ 파도	⑫ 돌고래	⑬ 거북	⑭ 물고기	⑮ 오징어	⑯ 게	⑰ 문어	⑱ 산호	⑲ 조개	

해석 남 : 저것은 상어지? 여 : 상어가 아니라 고래야. / 남 : 게는 무슨 색깔이야? 여 : 빨간 색이야.

29 Flowers and Insects 꽃과 곤충

① 무당벌레	② 잠자리	③ 나비	④ 해바라기	⑤ 선인장	⑥ 씨앗	⑦ 무궁화	⑧ 민들레	⑨ 장미	⑩ 귀뚜라미
⑪ 튤립	⑫ 벚꽃	⑬ 꿀벌	⑭ 목련	⑮ 백합	⑯ 나팔꽃	⑰ 국화	⑱ 잡초	⑲ 진달래	

해석 여 : 이것은 무슨 꽃이니? 남 : 민들레예요. / 여 : 무슨 꽃을 제일 좋아하니? 남 : 난 백합이 좋아. / 여 : 꽃이 정말 아름답다!

30 Clothes - For Women 옷1

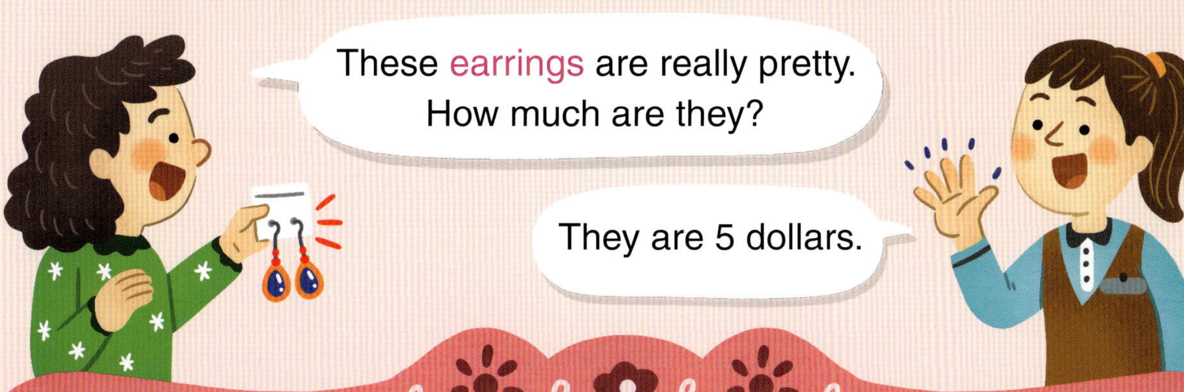

① 목걸이 ② 반지 ③ 원피스 ④ 스타킹 ⑤ 하이힐 ⑥ 스카프 ⑦ 치마 ⑧ 손수건 ⑨ 수영복
⑩ 수영모자 ⑪ 샌들 ⑫ 귀걸이 ⑬ 팔찌 ⑭ 머리핀 ⑮ 다이아몬드 반지 ⑯ 진주 귀걸이 ⑰ 향수

해석 여1 : 이 귀걸이 정말 예쁘다. 얼마예요? 여2 : 5달러예요.

31 Clothes - For Men 옷2

I will buy a cap for
my older brother.

① 운동모자	② 스웨터	③ 청바지	④ 운동화	⑤ 소매	⑥ 주머니	⑦ 단추	⑧ 바지	⑨ 와이셔츠	⑩ 양복
⑪ 외투	⑫ 티셔츠	⑬ 넥타이	⑭ 벨트	⑮ 선글라스	⑯ 장갑	⑰ 구두	⑱ 장화	⑲ 슬리퍼	

해석 여 : 오빠를 위해 운동모자를 사려고 해. / 남 : 이 스웨터를 입어봐도 될까요? 여 : 네.

32 Body 몸

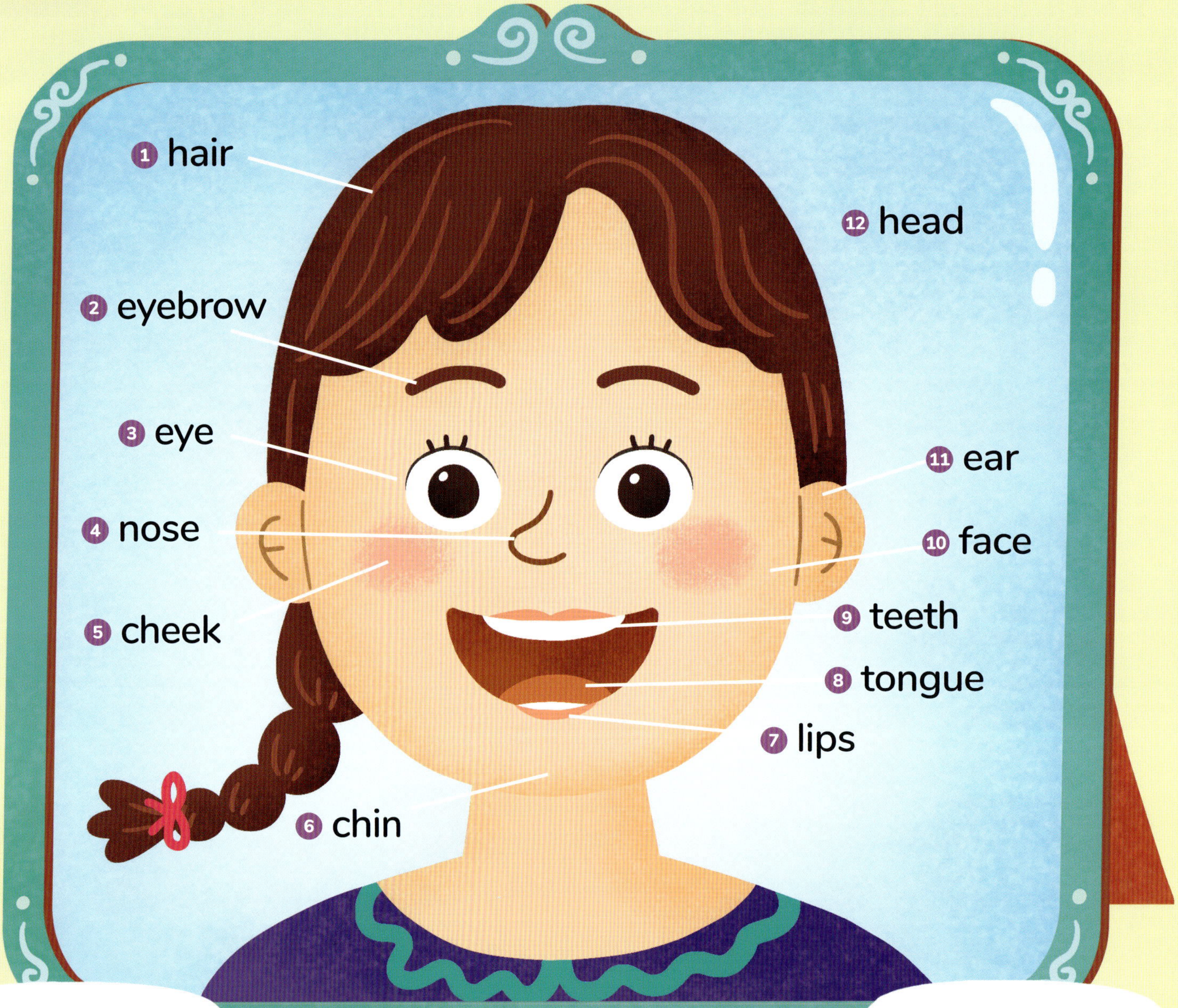

1 hair
12 head
2 eyebrow
3 eye
11 ear
4 nose
10 face
5 cheek
9 teeth
8 tongue
7 lips
6 chin

Touch your nose.
Raise your hand.
Clap your hands.
Open your mouth.
Bend your knees.

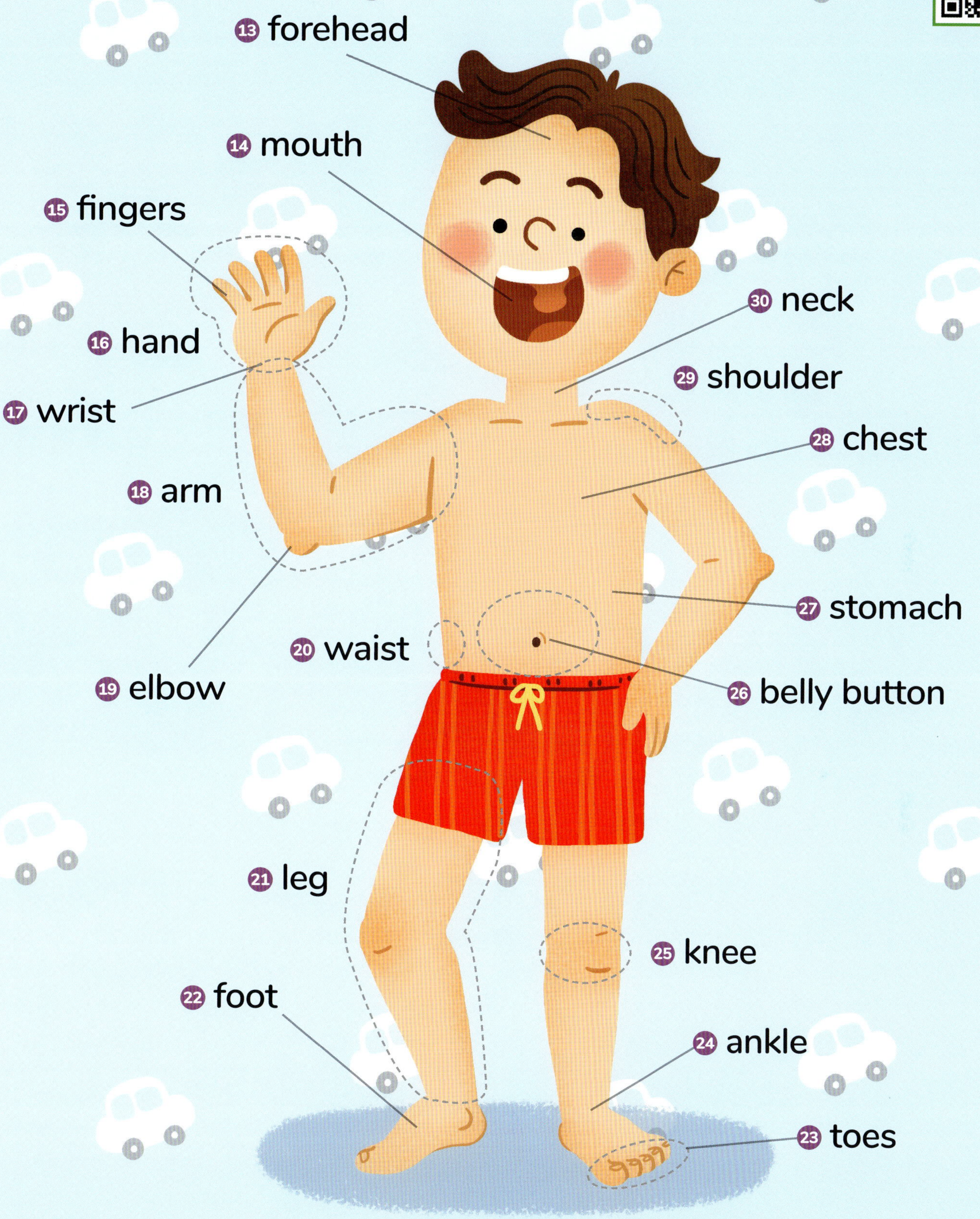

① 머리카락	② 눈썹	③ 눈	④ 코	⑤ 볼	⑥ 턱	⑦ 입술	⑧ 혀	⑨ 이	⑩ 얼굴
⑪ 귀	⑫ 머리	⑬ 이마	⑭ 입	⑮ 손가락	⑯ 손	⑰ 손목	⑱ 팔	⑲ 팔꿈치	⑳ 허리
㉑ 다리	㉒ 발	㉓ 발가락	㉔ 발목	㉕ 무릎	㉖ 배꼽	㉗ 배	㉘ 가슴	㉙ 어깨	㉚ 목

해석 남 : 코를 만져라. / 손을 들어라. / 손뼉을 쳐라. / 입을 벌려라. / 무릎을 구부려라.

33 Illness 병·증상

1 have a headache

2 cough

3 have a sore throat

4 have a runny nose

5 have a fever

6 cannot sleep

7 catch a cold

8 have diarrhea

9 shiver

Are you sick?

You look sick.
What's wrong?

I have a fever.

I have a sore throat.

⑩ allergy

⑪ dizzy

⑫ get hurt

⑬ food poisoning

⑭ take one's temperature

⑮ see a doctor

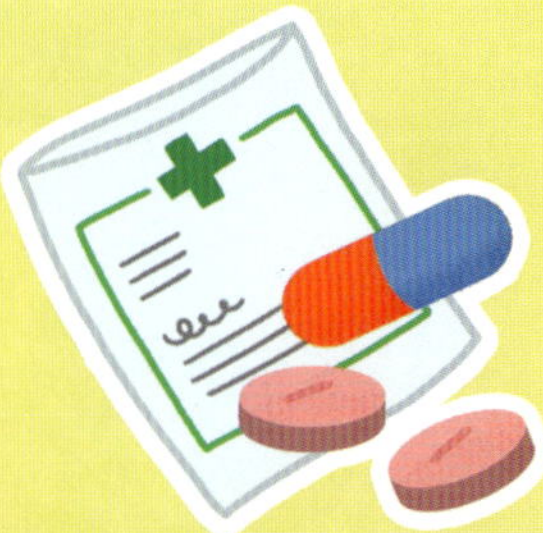

⑯ take medicine

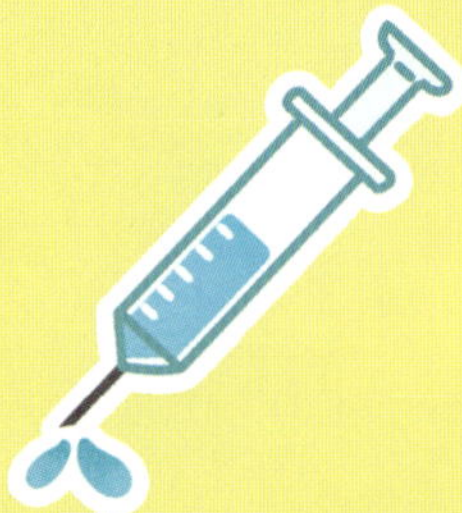

⑰ get a shot

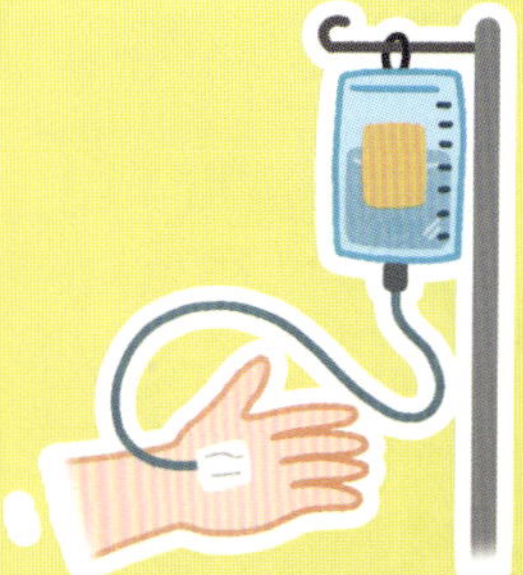

⑱ get an IV injection

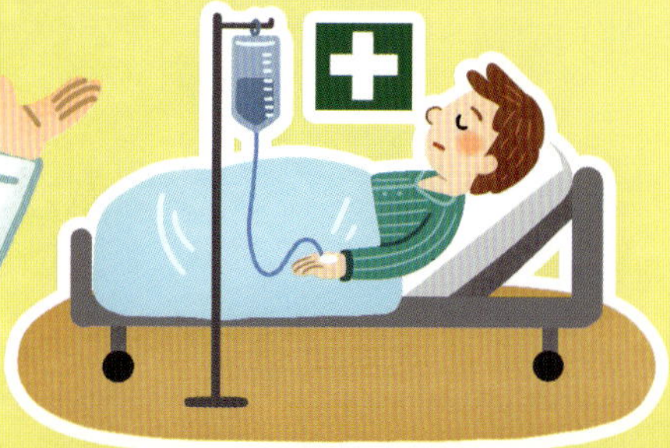

⑲ be in the hospital

⑳ have surgery

① 머리가 아프다	② 기침을 하다	③ 목이 아프다	④ 콧물이 나다	⑤ 열이 나다	⑥ 잠을 못자다	⑦ 감기에 걸리다
⑧ 설사하다	⑨ 오한이 나다	⑩ 알레르기가 있다	⑪ 어지럽다	⑫ 다치다	⑬ 식중독	⑭ 체온을 재다
⑮ 진찰을 받다	⑯ 약을 먹다	⑰ 주사를 맞다	⑱ 링거를 맞다	⑲ 입원하다	⑳ 수술하다	

해석 여 : 너 아프니? 남 : 열이 나. / 여 : 너 아파 보인다. 어디 아파? 남 : 목이 아파.

34 Moving 동작1

① 뛰다	② 춤을 추다	③ 일어서다	④ 앉다	⑤ 기대다	⑥ 차다
⑦ 밟다	⑧ 걷다	⑨ 무릎을 꿇다	⑩ 쪼그리고 앉다	⑪ 엎드리다	⑫ 걸려 넘어지다
⑬ 자다	⑭ 눕다	⑮ 나가다	⑯ 멈추다	⑰ 뒤돌아보다	

해석 남 : 그는 뭐해? 여 : 그는 잠을 자고 있어.

35 Action 동작2

1 push

2 pull

3 shake one's head

4 nod

5 hold out one's hand

6 wave one's hand

⑦ speak

⑧ listen

⑨ smell

⑩ watch

⑪ eat

⑫ drink

① 밀다	② 당기다	③ 고개를 가로젓다	④ 고개를 끄덕이다	⑤ 손을 뻗다	⑥ 손을 흔들다
⑦ 말하다	⑧ 듣다	⑨ 냄새를 맡다	⑩ 보다	⑪ 먹다	⑫ 마시다

해석 여 : 너 뭐하니? 남 : 피자를 먹고 있어. / 여 : 너 왜 먹고 있니? 남 : 배고파서 먹고 있는 거야.

36 Don't~ 금지

❶ argue

❷ fight

❸ scribble

❹ pick the flowers

❺ sleep late

❻ be late for school

❼ run around

Don't scribble.

Don't be late for school.

No cheating.

⑧ tell a lie

⑨ trick someone

⑩ cheat

⑪ bother someone

⑫ talk loudly

⑬ take a picture

⑭ litter

① 말다툼하다	② 싸우다	③ 낙서하다	④ 꽃을 꺾다	⑤ 늦잠자다	⑥ 지각하다	⑦ 마구 뛰어다니다
⑧ 거짓말하다	⑨ 속이다	⑩ 커닝하다	⑪ 방해하다	⑫ 큰소리로 이야기하다	⑬ 사진을 찍다	⑭ 쓰레기를 버리다

해석 여 : 낙서하지 마라. / 지각하지 마라. / 커닝하지 마라.

37 Opposites 반대말

1 high 2 low

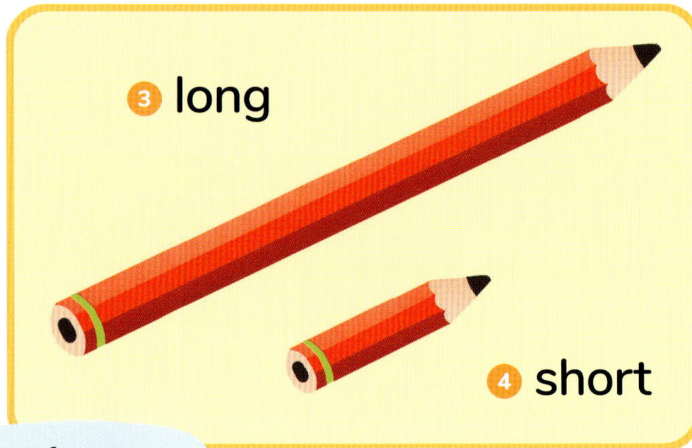

⑬ big ⑭ small

⑮ many ⑯ a few

⑰ deep ⑱ shallow

⑲ heavy ⑳ light

㉑ hard ㉒ easy

㉓ expensive ㉔ cheap

㉕ clean ㉖ dirty

㉗ hot ㉘ cold

① 높은	② 낮은	③ 긴	④ 짧은	⑤ 먼	⑥ 가까운	⑦ 빠른	⑧ 느린	⑨ 새로운	⑩ 낡은
⑪ 흰	⑫ 검은	⑬ 큰	⑭ 작은	⑮ 많은	⑯ 적은	⑰ 깊은	⑱ 얕은	⑲ 무거운	⑳ 가벼운
㉑ 어려운	㉒ 쉬운	㉓ 비싼	㉔ 싼	㉕ 깨끗한	㉖ 더러운	㉗ 뜨거운	㉘ 차가운		

해석 토끼 : 난 너보다 빨라. / 코끼리 : "작은"의 반대말은 뭐니? 개미 : "작은"의 반대말은"커다란"이야.

38 Feelings 감정

1 comfortable

2 glad

3 happy

4 sad

5 bored

6 surprised

7 worried

8 fond of

9 disappointed

10 sorry for

11 frustrated

12 frightened

13 sleepy

14 tired

15 broken-hearted

16 angry

17 nervous

18 jealous

19 shocked

20 in pain

① 편안한	② 기쁜	③ 행복한	④ 슬픈	⑤ 심심한	⑥ 놀란	⑦ 걱정하는
⑧ 좋아하는	⑨ 실망한	⑩ 불쌍히 여기는	⑪ 좌절한	⑫ 두려워하는	⑬ 졸리는	⑭ 피곤한
⑮ 상심한	⑯ 화가 난	⑰ 긴장한	⑱ 질투하는	⑲ 충격받은	⑳ 고통스러운	

해석 여 : 긴장 돼요.

단어찾기

ABC순

cool	시원한	9과
coral	산호	28과
corn	옥수수	14과
cough	기침하다	33과
cow	소	26과
crab	게	28과
cricket	귀뚜라미	29과
crosswalk	횡단보도	24과
crow	까마귀	26과
cucumber	오이	14과
cup	컵	5과
curry	카레	17과
curtain	커튼	3과
cutting board	도마	5과

D

dad	아빠	7과
dance	춤을 추다	34과
dandelion	민들레	29과
date	일	8과
daughter	딸	7과
daughter-in-law	며느리	7과
day	요일	8과
deep	깊은	37과
delicious	맛있는	18과
Denver	덴버	2과
department store	백화점	25과
desk	책상	6과
Detroit	디트로이트	2과
diamond ring	다이아몬드 반지	30과
dining table	식탁	5과
diplomat	외교관	20과
dirty	더러운	37과
disappointed	실망한	38과
dishwasher	식기세척기	5과
dishwashing detergent	주방세제	5과
dizzy	어지럽다	33과
do one's homework	숙제를 하다	11과
doctor	의사	20과
dog	개	26과
doll	인형	6과
dolphin	돌고래	28과
donut	도넛	16과
doughnut	도넛	16과
down	아래	23과
dragonfly	잠자리	29과
drawer	서랍	6과
dress	원피스	30과
dress shirt	와이셔츠	31과
drink	마시다	35과
driver	운전기사	20과
duck	오리	26과

E

ear	귀	32과
earphones	이어폰	6과
earrings	귀걸이	30과
east	동쪽	23과
easy	쉬운	37과
eat	먹다	35과
eggplant	가지	14과
Egypt	이집트	1과
eight fifty in the evening	저녁 8시 50분	10과
elbow	팔꿈치	32과
electric razor	전기면도기	4과
electric rice cooker	전기밥솥	5과
elementary school	초등학교	19과
elephant	코끼리	27과
engineer	엔지니어	20과
England	영국	1과
English	영어	19과
enter school	입학하다	19과
evening	저녁	10과
exercising	운동	21과
expensive	비싼	37과
eye	눈	32과

hair dryer	드라이어	4과
hair gel	헤어젤	4과
hair pin	머리핀	30과
half past two in the afternoon	오후 2시 30분	10과
hamburger	햄버거	17과
hand	손	32과
handkerchief	손수건	30과
happy	행복한	38과
hard	어려운	37과
have a fever	열이 나다	33과
have a headache	머리가 아프다	33과
have a runny nose	콧물이 나다	33과
have a sore throat	목이 아프다	33과
have breakfast	아침을 먹다	11과
have diarrhea	설사하다	33과
have dinner	저녁을 먹다	11과
have lunch	점심을 먹다	11과
have surgery	수술하다	33과
head	머리	32과
heavy	무거운	37과
helicopter	헬리콥터	24과
herbal tea	허브차	15과
high	높은	37과
high heels	하이힐	30과
high school	고등학교	19과
hippo	하마	27과
history	역사	19과
hold out one's hand	손을 뻗다	35과
horse	말	26과
hospital	병원	25과
hot	더운	9과
hot	뜨거운	37과
hot	매운	18과
hot chocolate	코코아	15과
hot dog	핫도그	16과
hour	시	10과
Houston	휴스턴	2과
humidifier	가습기	3과
husband	남편	7과

I

ice cream	아이스크림	16과
India	인도	1과
Indianapolis	인디애나폴리스	2과
Indonesia	인도네시아	1과
in pain	고통스러운	38과
inside	안	23과
Iran	이란	1과
Italy	이탈리아	1과

J

Japan	일본	1과
jealous	질투하는	38과

K

kangaroo	캥거루	27과
Kansas City	캔자스시티	2과
kebab	꼬치	17과
keep a diary	일기를 쓰다	11과
Kenya	케냐	1과
ketchup	케첩	18과
kettle	주전자	5과
keyboard	키보드	6과
kick	차다	34과
kindergarten	유치원	19과
kitchen fan	후드	5과
kitchen knife	부엌칼	5과
kiwi	키위	13과
knee	무릎	32과
kneel down	무릎을 꿇다	34과
knife	나이프	5과
Korea	한국	1과

L

ladybug	무당벌레	29과

police officer	경찰관	20과
police station	경찰서	25과
pomegranate	석류	13과
popcorn	팝콘	16과
popsicle	막대 아이스크림	16과
pork cutlet	포크커틀릿	17과
porkchops	폭찹	17과
Portland	포틀랜드	2과
post office	우체국	25과
potato	감자	14과
printer	프린터	6과
pudding	푸딩	16과
pull	당기다	35과
pumpkin	늙은 호박	14과
purple	보라색	12과
push	밀다	35과
put one's clothes on	옷을 입다	11과

Q

quarter past ten in the morning	아침 10시 15분	10과

R

rabbit	토끼	26과
radio	라디오	3과
rain	비	9과
rain boots	장화	31과
raining	비가 오는	9과
reading	독서	21과
red	빨간색	12과
refrigerator	냉장고	5과
remote control	리모컨	3과
reporter	기자	20과
restaurant	레스토랑	25과
right	오른쪽	23과
ring	반지	30과
risotto	리조토	17과
road	차도	24과
rooster	수탉	26과
rose	장미	29과
rose of sharon	무궁화	29과
rotten	상한	18과
run	달리다	34과
run around	마구 뛰어다니다	36과
Russia	러시아	1과

S

sad	슬픈	38과
sail boat	요트	28과
salad	샐러드	17과
salt	소금	18과
salty	짠	18과
San Francisco	샌프란시스코	2과
sandals	샌들	30과
sandwich	샌드위치	17과
Saturday	토요일	8과
Saudi Arabia	사우디아라비아	1과
scarf	스카프	30과
school	학교	25과
science	과학	19과
scribble	낙서하다	36과
sea gull	갈매기	28과
Seattle	시애틀	2과
seaweed	해초	28과
second	초	10과
secretary	비서	20과
see a doctor	진찰을 받다	33과
seed	씨앗	29과
semester	학기	19과
sesame oil	참기름	18과
seven o'clock	7시	10과
shake	쉐이크	15과
shake one's head	고개를 가로젓다	35과
shallow	얕은	37과
shampoo	샴푸	4과
shark	상어	28과

sheep	양	26과
shell	조개	28과
ship	배	24과
shiver	떨다	33과
shocked	충격 받은	38과
shoes	구두	31과
short	짧은	37과
shoulder	어깨	32과
shrimp	새우	28과
sidewalk	보도, 인도	24과
Singapore	싱가포르	1과
singer	가수	20과
singing	노래 부르기	21과
sink	개수대	5과
sink	세면대	4과
sit down	앉다	34과
skating	스케이트	22과
ski	스키	22과
skirt	치마	30과
sky blue	하늘색	12과
sleep	자다	34과
sleep late	늦잠자다	36과
sleepy	졸린	38과
sleeves	소매	31과
slippers	슬리퍼	31과
slow	느린	37과
small	작은	37과
smell	냄새를 맡다	35과
smoked salmon	훈제 연어	17과
snake	뱀	27과
sneakers	운동화	31과
snow	눈	9과
snowing	눈이 오는	9과
snowman	눈사람	9과
soap	비누	4과
soccer	축구	22과
soda pop	사이다	15과
sofa	소파	3과
son	아들	7과
son-in-law	사위	7과
sorry for	불쌍히 여기는	38과
sour	신	18과
south	남쪽	23과
soy sauce	간장	18과
spaghetti	스파게티	17과
Spain	스페인	1과
sparrow	참새	26과
speak	말하다	35과
spinach	시금치	14과
sponge	스펀지	4과
spoon	숟가락	5과
spring	봄	9과
squat	쪼그리고 앉다	34과
squid	오징어	28과
St. Louis	세인트루이스	2과
stand up	일어서다	34과
starfish	불가사리	28과
steak	스테이크	17과
step on	밟다	34과
stew	스튜	17과
stockings	스타킹	30과
stomach	배	32과
stop	멈추다	34과
stove	가스레인지	5과
straw	빨대	15과
strawberries	딸기	13과
subway	지하철	24과
sugar	설탕	18과
suit	양복	31과
summer	여름	9과
summer vacation	여름방학	19과
sun	태양	9과
sundae	선데 아이스크림	16과
Sunday	일요일	8과
sunflower	해바라기	29과
sunglasses	선글라스	31과

T

U

uncle	삼촌	7과
university	대학교	19과
up	위	23과

V

vacuum cleaner	청소기	3과
VCR	비디오	3과
video tape	비디오테이프	3과
vinegar	식초	18과
volleyball	배구	22과

W

waist	허리	32과
waiter	종업원	20과
waitress	종업원	20과
walk	걷다	34과
warm	따뜻한	9과
wash one's face	세수하다	11과
washing machine	세탁기	4과
watch	보다	35과
watch TV	TV를 보다	11과
watching a movie	영화감상	21과
water	물	15과
water purifier	정수기	5과
watermelon	수박	13과
wave	파도	28과
wave one's hand	손을 흔들다	35과
Wednesday	수요일	8과
weeds	잡초	29과
west	서쪽	23과
whale	고래	28과
white	흰	37과
white	흰색	12과
wife	아내	7과
wind	바람	9과
window	창문	3과
windy	바람이 부는	9과
wine	포도주	15과
winter	겨울	9과
winter vacation	겨울방학	19과
wolf	늑대	27과
worried	걱정하는	38과
wrist	손목	32과
year	년	8과
yellow	노란색	12과
yesterday	어제	8과
yogurt	요거트	15과
younger brother	남동생	7과
younger sister	여동생	7과

Z

zebra	얼룩말	27과
zucchini	애호박	14과

단어찾기

가나다순

가

몽골	Mongolia	1과
무거운	heavy	37과
무궁화	rose of sharon	29과
무당벌레	ladybug	29과
무릎	knee	32과
무릎을 꿇다	kneel down	34과
문어	octopus	28과
물	water	15과
물고기	fish	28과
미국	The U.S.A. / The United States of America	1과
미술	art	19과
미식축구	American football	22과
미용실	beauty shop	25과
민들레	dandelion	29과
밀다	push	35과

바

바깥	outside	23과
바나나	bananas	13과
바닷가재	lobster	28과
바람	wind	9과
바람이 부는	windy	9과
바지	pants	31과
반지	ring	30과
발	foot	32과
발가락	toe	32과
발목	ankle	32과
밟다	step on	34과
방해하다	bother someone	36과
배	pear	13과
배	ship	24과
배	stomach	32과
배구	volleyball	22과
배꼽	belly button	32과
배드민턴	badminton	22과
배추	Chinese cabbage	14과
백조	swan	26과
백합	lily	29과
백화점	department store	25과
뱀	snake	27과
버스	bus	24과
벚꽃	cherry blossom	29과
베개	pillow	6과
베이지색	beige	12과
벨트	belt	31과
변기	toilet	4과
변호사	lawyer	20과
병원	hospital	25과
보다	watch	35과
보도, 인도	sidewalk	24과
보라색	purple	12과
보스톤	Boston	2과
복숭아	peach	13과
볼	cheek	32과
볼링	bowling	22과
볼티모어	Baltimore	2과
봄	spring	9과
부엌칼	kitchen knife	5과
북쪽	north	23과
분	minute	10과
분홍색	pink	12과
불가사리	starfish	28과
불쌍히 여기는	sorry for	38과
브라우니	brownie	16과
브라질	Brazil	1과
브로컬리	broccoli	14과
비	rain	9과
비가 오는	raining	9과
비누	soap	4과
비둘기	pigeon	26과
비디오	VCR	3과
비디오테이프	video tape	3과
비서	secretary	20과
비싼	expensive	37과

수영모자	swimming cap	30과
수영복	bathing suit	30과
수요일	Wednesday	8과
수탉	rooster	26과
수학	math 19과	
숙제를 하다	do one's homework	11과
숟가락	spoon	5과
쉐이크	shake	15과
쉬운	easy	37과
스웨터	sweater	31과
스위스	Switzerland	1과
스카프	scarf	30과
스케이트	skating	22과
스키	ski	22과
스타킹	stockings	30과
스탠드	lamp	6과
스테이크	steak	17과
스튜	stew	17과
스파게티	spaghetti	17과
스펀지	sponge	4과
스페인	Spain	1과
슬리퍼	slippers	31과
슬픈	sad	38과
시	hour	10과
시금치	spinach	14과
시애틀	Seattle	2과
시원한	cool	9과
시카고	Chicago	2과
식기세척기	dishwasher	5과
식료품점	grocery store	25과
식중독	food poisoning	33과
식초	vinegar	18과
식탁	dining table	5과
신	sour	18과
신문	newspaper	3과
신시내티	Cincinnati	2과
신호등	traffic light	24과
실망한	disappointed	38과
심심한	bored	38과
15분	fifteen minutes	10과
싱가포르	Singapore	1과
싸우다	fight	36과
싼	cheap	37과
쓰레기를 버리다	litter	36과
쓴	bitter	18과
씨앗	seed	29과

아

아나운서	announcer	20과
아내	wife	7과
아들	son	7과
아래	down	23과
아빠	dad	7과
아이스크림	ice cream	16과
아침	morning	10과
아침 10시 15분	ten fifteen in the morning / quarter past ten in the morning	10과
아침을 먹다	have breakfast	11과
악어	alligator	27과
안	inside	23과
안개	fog	9과
앉다	sit down	34과
알레르기	allergy	33과
앞	front	23과
애호박	zucchini	14과
야구	baseball	22과
약국	pharmacy	25과
약을 먹다	take medicine	33과
양	sheep	26과
양복	suit	31과
양상추	lettuce	14과
양송이버섯	mushroom	14과
양탄자	carpet	3과
양파	onion	14과
얕은	shallow	37과

이	teeth	32과
이란	Iran	1과
이를 닦다	brush one's teeth	11과
이마	forehead	32과
이번주	this week	8과
이불	blanket	6과
이야기하다	talk	11과
이어폰	earphones	6과
이집트	Egypt	1과
이탈리아	Italy	1과
인도	India	1과
인도네시아	Indonesia	1과
인디애나폴리스	Indianapolis	2과
인형	doll	6과
일	date	8과
일기를 쓰다	keep a diary	11과
7시	seven o'clock	10과
일본	Japan	1과
일어나다	get up	11과
일어서다	stand up	34과
일요일	Sunday	8과
입	mouth	32과
입술	lips	32과
입원하다	be in the hospital	33과
입학하다	enter school	19과

자

자다	sleep	34과
자두	plum	13과
자명종	alarm clock	6과
자전거	bicycle	24과
작가	author	20과
작년	last year	8과
작은	small	37과
잠을 못 자다	cannot sleep	33과
잠자리	dragonfly	29과
잠자리에 들다	go to bed	11과
잡지	magazine	3과
잡초	weeds	29과
장갑	gloves	31과
장미	rose	29과
장화	rain boots	31과
재작년(2년전)	two years ago / the year before last year	8과
저금통	piggy bank	6과
저녁 8시 50분	eight fifty in the evening / ten to nine in the evening	10과
저녁	evening	10과
저녁을 먹다	have dinner	11과
적은	a few	37과
전기면도기	electric razor	4과
전기밥솥	electric rice cooker	5과
전자레인지	microwave	5과
전화	telephone	3과
점심을 먹다	have lunch	11과
접시	plate	5과
젓가락	chopsticks	5과
정수기	water purifier	5과
정오	noon	10과
제비	swallow	26과
조개	shell	28과
졸린	sleepy	38과
졸업하다	graduate from school	19과
종업원	waiter / waitress	20과
좋아하는	fond of	38과
좌절한	frustrated	38과
주머니	pocket	31과
주방세제	dishwashing detergent	5과
주사를 맞다	get a shot	33과
주전자	kettle	5과
주황색	orange	12과
중간	middle	23과
중간고사	midterm exam	19과
중국	China	1과
중학교	middle school	19과
쥐	mouse	26과

타

타조	ostrich	27과
타코	taco	17과
탁구	table tennis / ping pong	22과
태권도	Taekwondo	22과
태양	sun	9과
택시	taxi	24과
턱	chin	32과
테니스	tennis	22과
텔레비전	television	3과
토끼	rabbit	26과
토마토	tomato	14과
토마토주스	tomato juice	15과
토요일	Saturday	8과
튤립	tulip	29과
트럭	truck	24과
TV를 보다	watch TV	11과
티셔츠	T-shirt	31과

파

파	green onion	14과
파도	wave	28과
파란색	blue	12과
파스타	pasta	17과
파이	pie	16과
파인애플	pineapple	13과
파인애플주스	pineapple juice	15과
판다	panda	27과
팔	arm	32과
팔꿈치	elbow	32과
팔찌	bracelet	30과
팝콘	popcorn	16과
패스트푸드점	fast food restaurant	25과
펜싱	fencing	22과
편안한	comfortable	38과
포도	grapes	13과
포도주	wine	15과
포크	fork	5과
포크커틀릿	pork cutlet	17과
포틀랜드	Portland	2과
폭찹	porkchops	17과
푸딩	pudding	16과
프라이팬	frying pan	5과
프랑스	France	1과
프렌치 프라이	French fries	16과
프린터	printer	6과
피곤한	tired	38과
피닉스	Phoenix	2과
피망	green pepper	14과
피아노	piano	3과
피아노연주	playing the piano	21과
피자	pizza	17과
핀란드	Finland	1과
필라델피아	Philadelphia	2과
필리핀	The Philippines	1과

하

하늘색	sky blue	12과
하마	hippo	27과
하이힐	high heels	30과
학교	school	25과
학교에 가다	go to school	11과
학기	semester	19과
학년	grade	19과
한국	Korea	1과
1시	one o'clock	10과
할머니	grandmother	7과
할아버지	grandfather	7과
핫도그	hot dog	16과
항공승무원	flight attendant	20과
해변	beach	28과
해바라기	sunflower	29과
해초	seaweed	28과
햄버거	hamburger	17과
행복한	happy	38과

편저자

■ Keith Milling

2001년 8월 영국 옥스포드 대학 교사연수 수료.
(Certificate. Oxford University teacher training program)
영어교육중심의 언어학 석사 (Master of Arts in Linguistics with TESL concentration. Northeastern Illinois University).
언어병리학 학사 (May, 1996. Bachelor of Science in Speech and Hearing Science. The University of Illinois at Urbana-Champaign).
2001년부터 한양대 초빙교수로 재직중

■ 이은아

2001년 8월 영국 옥스포드 대학 교사연수 수료.
(Certificate. Oxford University teacher training program)
영어교육학석사 (Master of Arts in Teaching English as a Second Language. St. Michael's College)
교육행정석사 (이화여자대학교 교육대학원)
2000년부터 서울산업대 초빙교수로 재직중

NEW 보고 듣고 따라하는 그림 영어 단어

개정2판 2025년 10월 15일

편저자 Keith Milling, 이은아
발행인 이기선
발행처 제이플러스
삽화 윤민희
등록번호 제10-1680호
등록일자 1998년 12월 9일
주소 경기도 고양시 덕양구 향동로 217
구입문의 02-332-8320
팩스 02-332-8321
홈페이지 www.jplus114.com
ISBN 979-11-5601-300-6

값 18,000원